# This notebook belongs to

_____

**Date:**

**Date:** _____

**Date:** _____

_____

_____

_____

_____

_____

_____

_____

_____

_____

_____

_____

_____

_____

_____

_____

_____

_____

_____

**Date:**

**Date:**

**Date:**

Date:

**Date:**

**Date:**

**Date:**

Date:

**Date:**

Date:

**Date:**

**Date:**

**Date:**

**Date:**

**Date:**

**Date:**

Date:

Date:

**Date:**

**Date:**

**Date:**

Date:

Date:

Date:

Date:

**Date:**

**Date:**

**Date:**

**Date:**

**Date:**

**Date:**

**Date:**

Date:

**Date:**

**Date:**

**Date:**

**Date:**

**Date:**

**Date:**

Date:

**Date:**

**Date:**

**Date:**

**Date:**

**Date:**

**Date:**

**Date:**

**Date:**

Date:

**Date:** _____

Date:

**Date:**

**Date:**

**Date:**

**Date:**

**Date:**

**Date:** _____

Date:

**Date:**

Date:

**Date:**

**Date:** _____

**Date:**

**Date:**

**Date:**

**Date:**

Date:

**Date:**

Date:

Date:

Date:

Date:

**Date:**

Date:

**Date:**

**Date:**

**Date:**

Date:

**Date:**

**Date:**

**Date:**

**Date:**

**Date:**

Date:

**Date:**

Date:

**Date:**

**Date:**

**Date:**

Date:

**Date:**

Date:

Date:

Date:

**Date:**

**Date:**

**Date:**

Date:

**Date:**

**Date:**

**Date:**

Date:

**Date:**

Date:

Date:

Date:

**Date:**

**Date:**

**Date:**

**Date:**